5回で折れる 季節と行事のおりがみ

いしかわ☆まりこ

② なつ

~ひまわり・かぶとむし・ヨットほか~

はじめに

おりがみってむずかしい？　この本で紹介する作品は、なんとたった5回のステップでできあがり！

この本ではなつをイメージした作品がたくさん折れるよ。
虫とりや海、すいかやかき氷…　なつはやりたいことや食べたいものがいっぱい！
あつ～い季節をおりがみ作品がもりあげてくれるよ。

すぐにできちゃうから、いろんな色や柄のおりがみでたくさんつくってね。友だちや家族といっしょにあそんだり、教室やおうちにかざったり！
プレゼントになるおりがみもあるよ。
ただの四角い1まいの紙が、いろんな形に変身しちゃうおりがみってすごい！
さあ、なつのおりがみをつくって楽しもう♪

いしかわ☆まりこ

折りかたのきほん　三角折りをしてみよう！　★左ききさんは手が反対になるよ！★

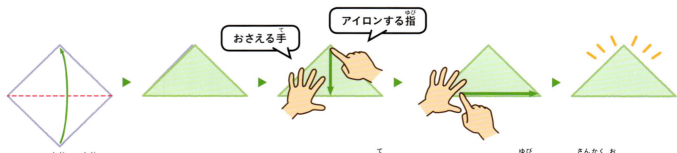

角と角をあわせて三角に折る。　しっかりおさえて、手でアイロンするみたいに角のところから下におろす。　アイロンする指で折り目をつける。　三角折りのできあがり！

もくじ

はじめに …………… 2
この本の使いかた … 3
材料・道具 ………… 4
折りかたのマーク・折りかた ………… 5
なつ大すき！ …… 6

ひまわり …………… 8
かぶとむし …… 10
くわがたむし ………… 12
ヨット …… 14
あさがお …………… 16

かさ ………… 18
シャツ ………………… 20
かきごおり …… 22
アイスクリーム ………… 24
かたつむり …… 26
ペンギン ……………… 28
すいか ………… 30
サンダル ……………… 32
スーツ …… 34
おりひめ ひこぼし …… 36

もっとつくろう!! …38

この本の使いかた

作品の名前。英語もかいてあるよ

ふきだしの中はつくりかたのポイントやヒントだよ

おりがみのサイズ

折り図。1～5までのステップにまとめてあるよ。わかりやすいように、途中で図が大きくなることがあるよ。

「○センチ折る」のように、長さの指定があるときは、めもりを使うとべんりだよ。
むずかしい人は、ぴったりはからなくても、図を見てだいたいで折ってもだいじょうぶ！
うまくいかないときは、少しずらして折りなおしてみようね。

材料・道具

おりがみ

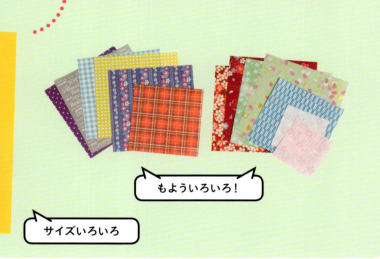

この本の作品は **15×15センチ**、**7.5×7.5センチ（小サイズ）** のものを使っているよ。ほかのサイズもいろいろあるから、ためしてみてね。もようも作品にあわせてえらぼう！

もよういろいろ！

サイズいろいろ

道具

のり　　セロハンテープ　　両面テープ　　ものさし　　はさみ

＋アイテム

あなあけパンチ　　ペン　　丸シール　　マスキングテープ

あなあけパンチで目のパーツをつくろう。
おりがみを半分に折ってあなあけパンチでぬくと、
同時に2まいの丸い形ができるよ。
ペンギンの目にしたり、
アイデアしだいでいろいろ使える！

折りかたのマーク・折りかた

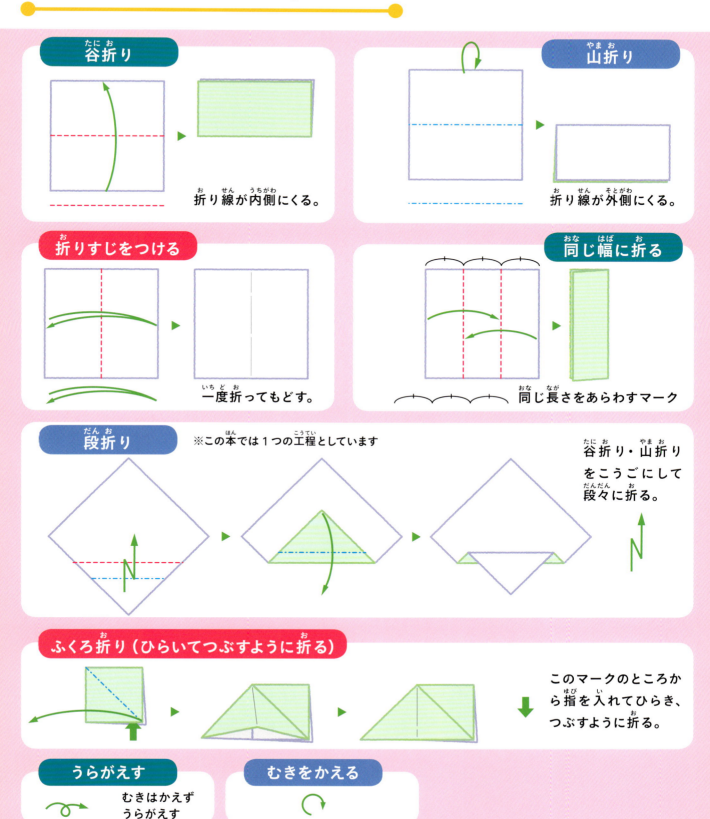

SUNFLOWER

ひまわり

太陽にむかってさく、元気なまなつの花！

くきやはっぱは切ってつくってね！

材料

おりがみ … 1まい（15センチ×15センチ）

1
たてよこ半分に折りすじをつける。

2
4つの角を中心にむかって折って折りすじをつける。

3
2でつけた折りすじまで4つの角を折る。

4
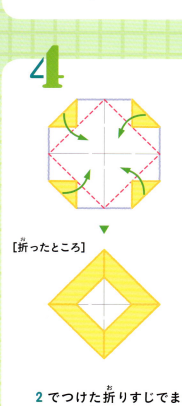

2でつけた折りすじでくように折る。

5
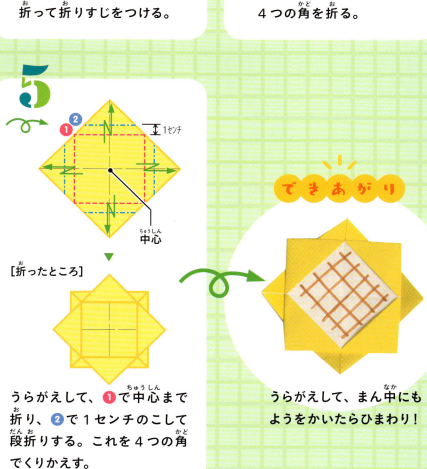

うらがえして、❶で中心まで折り、❷で1センチのこして段折りする。これを4つの角でくりかえす。

できあがり
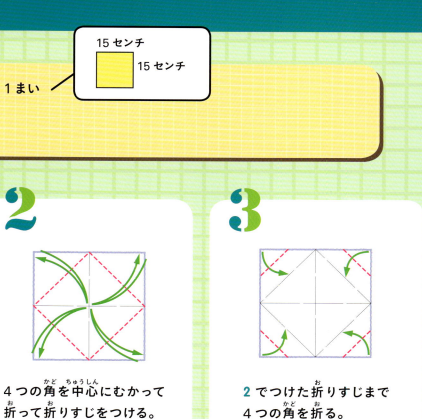

うらがえして、まん中にもようをかいたらひまわり！

BEETLE
かぶとむし
大きなつのがかっこいい、虫の王さま！

細く切ったおりがみやモールを足にしてもいいね！

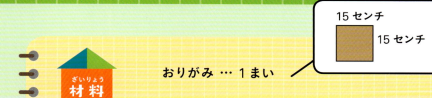

材料　おりがみ … 1まい　15センチ×15センチ

1
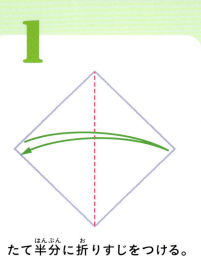

たて半分に折りすじをつける。

2
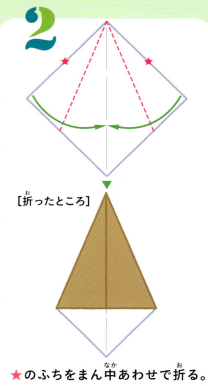

[折ったところ]

★のふちをまん中あわせで折る。

3
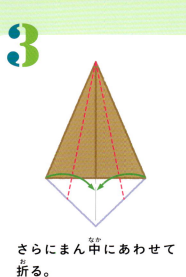

さらにまん中にあわせて折る。

4
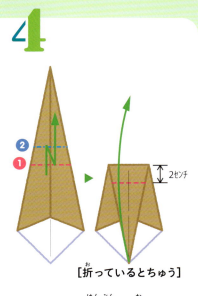

[折っているとちゅう]

❶でたてに半分に折ってから、2センチ残して❷で折って、段折りにする。

5

[折ったところ]

上の左右の角と下の角を少しずつ折る。

できあがり

クリーム色のおりがみで折ってから、つのと頭を黒くぬったらヘラクレスオオカブトに！

うらがえして、目ともようをかいたらかぶとむし！

STAG BEETLE

くわがたむし

頭の先にあるのは、つのじゃなくてあごなんだって！

ぎざぎざもようを
かっこよくかこう！

 材料 おりがみ…1まい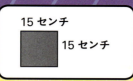
15 センチ / 15 センチ

1

たて半分に折りすじをつける。

2
半分に折る。

3

★と★が同じ長さになるように折る。

4
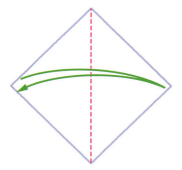

[折ったところ]
まん中の折りすじからそれぞれ5ミリあけて、★の辺が平行になるように折る。

5
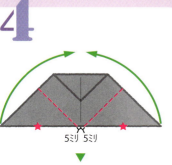
[折ったところ]
ここがななめになるよ
左右の角を★にあわせて折る。

できあがり

うらがえして、目やもようをかいたらくわがたむし！

 YACHT

ヨット

さあ、ほをはって大きな海へぼうけんに出よう！

平たいおりがみ作品をのせても楽しいね！

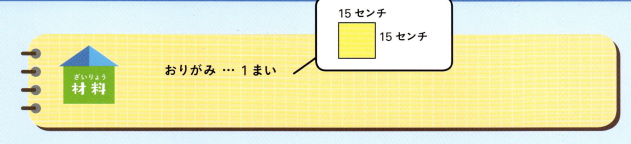

材料　おりがみ … 1まい　15センチ×15センチ

1
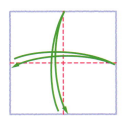

たて半分・よこ半分に折りすじをつける。
(色のついた面を上にして折りはじめると色の出かたがわかるよ)

2
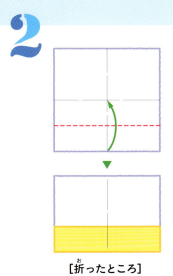

[折ったところ]

横の折りすじにあわせて、下の部分を折る。

3
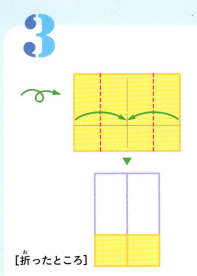

[折ったところ]

うらがえしてまん中あわせで折る。

4
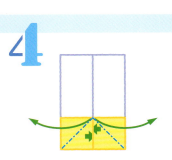

[折っているとちゅう]

ふくろをひらいてつぶすようにして折る。左右同じように折る。

5
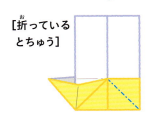

[折ったところ]

上の部分を三角に折る。

左ページのしましまのヨットは逆に折っているよ！

できあがり

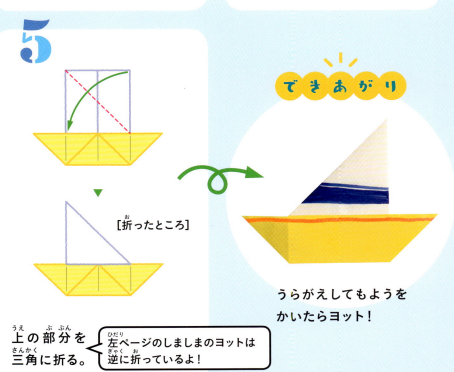

うらがえしてもようをかいたらヨット！

あさがお

朝(あさ)さいて夕方(ゆうがた)にはしぼむ、はかないなつの花(はな)

つたはモールを
えんぴつにまいて
つくったよ

 材料　おりがみ…（大きい花）1まい
（小さい花）小サイズ　1まい
（はっぱ）すきなサイズ　1まい

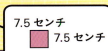
15センチ / 15センチ
7.5センチ / 7.5センチ

1
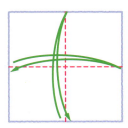
たてよこ半分に折りすじをつける。

2
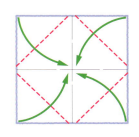
［折ったところ］
1でつけた折りすじから少しずつあけて4つの角を折る。

3
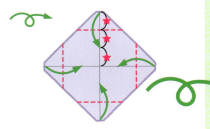
［折ったところ］

うらがえして、4つの角を★と★が同じ長さになるように折る。

できあがり

うらがえしたらあさがお！

はっぱをつくろう
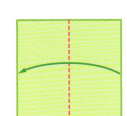
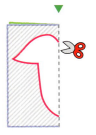
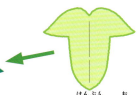
おりがみを半分に折って切ると、左右同じ形になるよ。

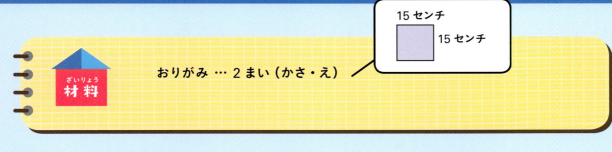

おりがみ … 2まい（かさ・え）

15センチ
15センチ

1 かさをつくる

半分に折る。

2

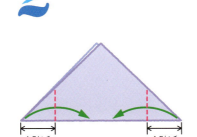

左右の角を4.5センチくらい折る。

3

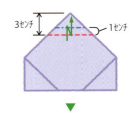

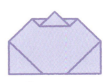

［折ったところ］

段折りする。

4 えをつくる

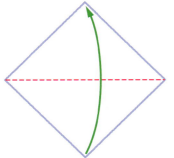

ずらしかたで
もようが
わかるよ！

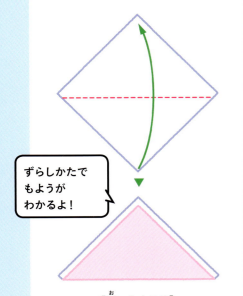

［折ったところ］

まん中から
少しずらして三角に折る。

5

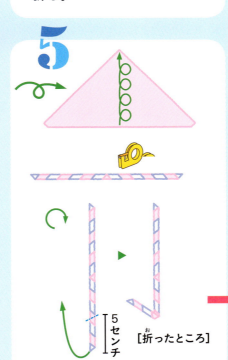

5センチ

［折ったところ］

うらがえして細くまき、まきおわりをテープでとめて先を5センチくらいななめに折る。

できあがり

かさをうらがえして、もようをかき、えをうしろにはったらかさ！

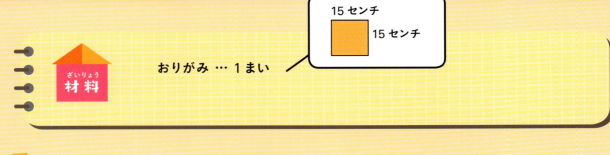

材料
おりがみ … 1まい
15センチ × 15センチ

1
色のついた面を上にして角を図のように折る。

2
反対の角も図のように折る。
高さをあわせる
少しかさなる

3
むきをかえてうらがえし、★と★をむすんだ線で折る。

4
左右をまん中あわせで折る。

5
まん中からひらくように折る。
[折ったところ]

できあがり
うらがえして、ボタンやもようをつけたらシャツ！

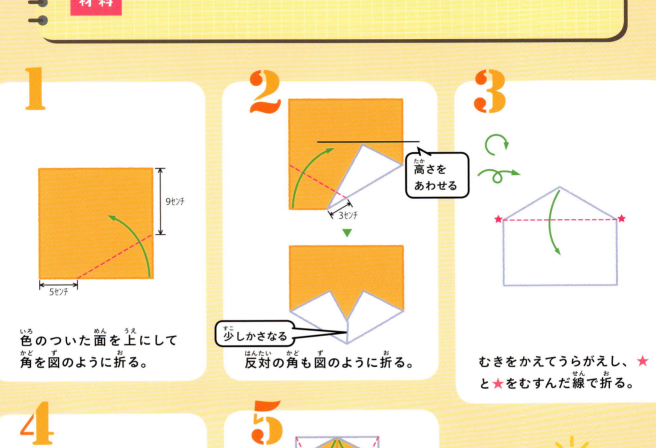
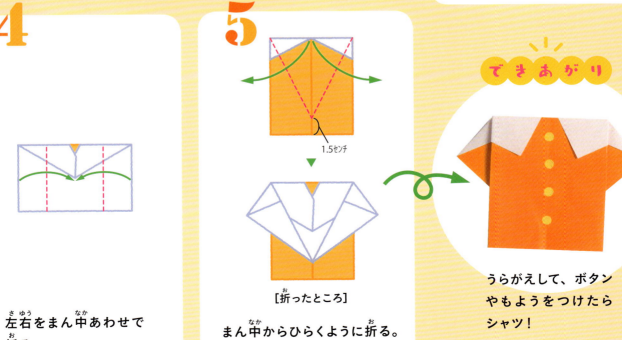

SHAVED ICE

かきごおり

つめたーいなつの味！ めしあがれ

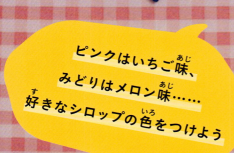

ピンクはいちご味、
みどりはメロン味……
好きなシロップの色をつけよう

 材料
おりがみ … 1まい
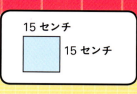 15センチ　15センチ

1

3.5センチ

[折ったところ]

下から 3.5 センチ折る。

2
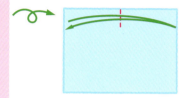

うらがえして、たて半分に少しだけ折りすじをつける。

3
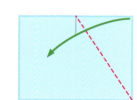

2でつけた折りすじと角をつないだ線で折る。

4
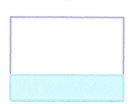

反対側も同じように折る。

5
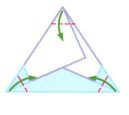

[折ったところ]

3つの角を少しずつ折る。

この形にひらいてから色をぬるとぬりやすいよ！

でき あ がり

うらがえしてシロップのもようをかいたらかきごおり！

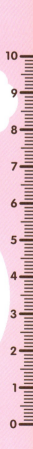

 **材料** おりがみ … 2まい（アイス・コーン）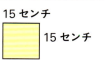

15センチ / 15センチ

1 アイスをつくる

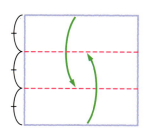

3つ折りする。

2

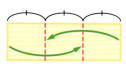

3つ折りする。

3

角を少しうしろに折る。

[折ったところ]

バニラあじ！

もようをかいてもいいね

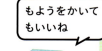

コーンをつくる

1

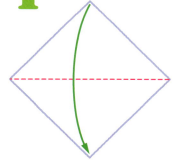

下にむけて半分に折る。

2

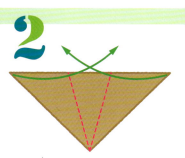

3つ折りする。

3

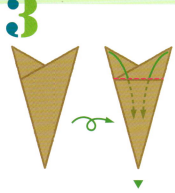

もようをかくとコーン！

はみだしたところを中に折りこむ。

できあがり

コーンにアイスを入れたらアイスクリーム！
ふたつ重ねたらダブルになるね！

25

SNAIL

かたつむり

雨でぬれたはっぱの上をゆっくり、ゆっくり…

しっぽの方を広げると立つよ
はっぱは切ってつくろう

 材料 おりがみ … 1まい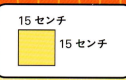
15センチ／15センチ

1

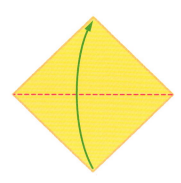

色のついた面を上にして半分に折る。

2

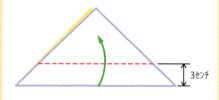

下から3センチ折る。

3

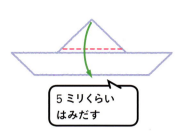

5ミリくらいはみだす

上の角が下に少しはみだすように折る。

4

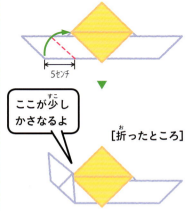

ここが少しかさなるよ

[折ったところ]

5センチのところで図のように折る。

5

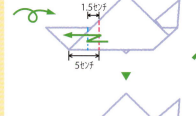

[折ったところ]

うらがえして段折りする。

できあがり

うらがえして顔とぐるぐるもようをかいたら、かたつむり！

1で白い面を上にして折ってもかわいい！

PENGUIN
ペンギン
よちよちすがたがかわいい、とべない鳥さん

たくさんつくってならべても
かわいいよ！

材料

おりがみ …（大きいペンギン）1まい
（子どもペンギン）小サイズ 1まい

15 センチ / 15 センチ
7.5 センチ / 7.5 センチ

1

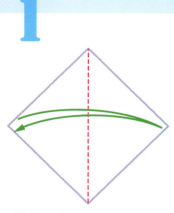

半分に折りすじをつける。

2

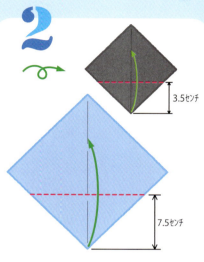

うらがえして下から7.5センチ（子どもペンギンは3.5センチ）のところで折る。

3

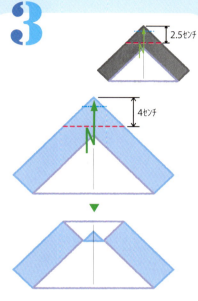

図のように段折りする。

4

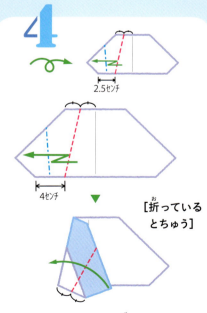

[折っているとちゅう]

うらがえして、図のように段折りする。

5

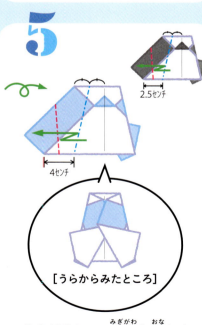

[うらからみたところ]

うらがえして、右側と同じように左側も段折りする。

できあがり

目をつけたらペンギン！

 材料

おりがみ … 1まい
＊写真の作品は、赤とみどりの両面おりがみを使っているよ

15 センチ
15 センチ

1
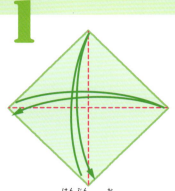
たてよこ半分に折りすじをつける。

2
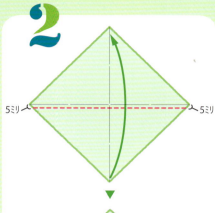
よこの折りすじより5ミリ下を折る。

3

うらがえして、3つ折りする。

4
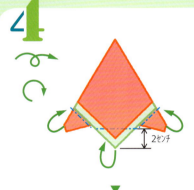
[折ったところ]
手前の1まいは折らないよ
うらがえしてむきをかえて、左右のはみだしているところを折り、まん中の三角を2センチうしろに折る。

5
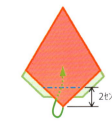
残した上の1まいを2センチ中に折りこむ。

できあがり
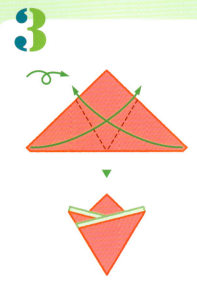
たねをかいたらすいか！

みどりのうら
赤のおもて
うらどうしをあわせて、両面おりがみをつくって折ってもいいね。

SANDALS
サンダル
おしゃれなサンダルでおでかけ！

和風(わふう)のがらの
おりがみをつかうと、
げたみたいになるよ！

材料

おりがみ … 2まい

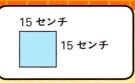

1

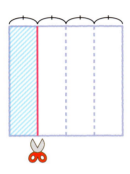

たてに2回、半分に折ってひらき、図の部分を切る。

2

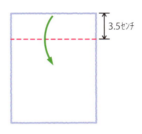

上を3.5センチ折る。

3

上の左右の角を2で折ったところまで三角に折る。

4

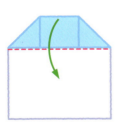

もう一回まくように折る。

5

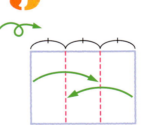

うらがえして3つ折りし、そのとき、★の角を袋にさしこむ。

できあがり

もう1つつくったらサンダル！

SUITS
スーツ

父の日は6月の第三日曜日だよ！

中にメッセージをかいてあげてもいいね！

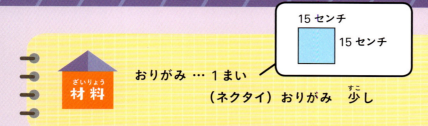

材料
おりがみ … 1まい
（ネクタイ）おりがみ 少し

15センチ／15センチ

ネクタイはこんな形に切ってね

1
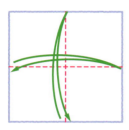

たてよこ半分に折りすじをつける。

2
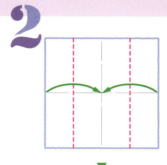

まん中あわせで折る。

3
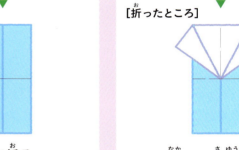

［折ったところ］

まん中の折りすじ

まん中から左右の角をむすんだ線でそれぞれ折る。

4

3センチ

［折ったところ］

むきをかえて、反対側も図のようにななめに折る。

5
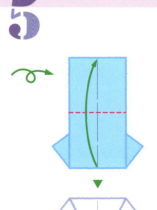

［折ったところ］

うらがえして半分に折る。

できあがり

うらがえして、えりやネクタイ、ボタンをつけたらスーツ！

35

おりひめ ひこぼし

TWO STARS

一年に一度、やっと会えたふたり

もよう入りのおりがみを使うときは、すけづらいものを選ぼう

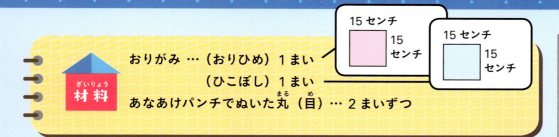

材料
- おりがみ …（おりひめ）1まい
- （ひこぼし）1まい
- あなあけパンチでぬいた丸（目）… 2まいずつ

15センチ × 15センチ（ピンク）
15センチ × 15センチ（水色）

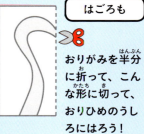

はごろも
おりがみを半分に折って、こんな形に切って、おりひめのうしろにはろう！

1
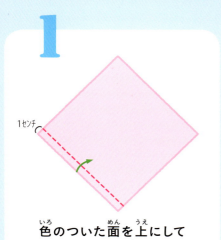

色のついた面を上にして1センチくらい折る。

2
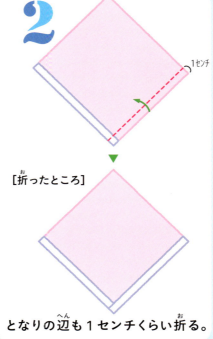

［折ったところ］

となりの辺も1センチくらい折る。

3
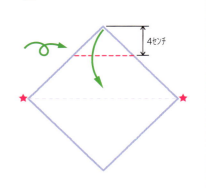

うらがえして、上の角を4センチ折る。折ったときに★と★をつないだ線と平行になるようにする。

4
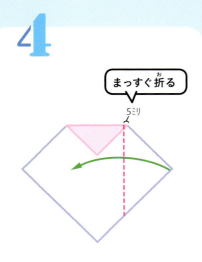

まっすぐ折る

3で折ったところの角から5ミリのところで折る。

5

うらの白い部分が見えないように折ってね

［折ったところ］

こっちが上にくるよ

左も同じように折ってかさねる。

できあがり

むきをかえて、目のパーツをはり、かみの毛をかいてね。マスキングテープのおびをはったらおりひめとひこぼし！

もっとつくろう!!

P18のかさで
6月のお誕生日表をつくろう!

マスキングテープ

糸やひも

小サイズのおりがみでかさをつくろう。糸をつけてマスキングテープでかべにはったよ。モビールにしてもかわいい♥

P28のペンギンを
P14のヨットにのせて、
お知らせボードに!

小サイズのおりがみでペンギンをつくって、ヨットにのせてあげよう。画用紙をつけてお知らせをかいてね。

なみなみに切る

画用紙

P24のアイスクリームを
マグネットに！

小サイズのおりがみでアイスクリームをつくろう。うらがわをしっかりつなげて、マグネットをつけるよ。

マグネットは
両面テープか接着剤で
しっかりはってね

冷蔵庫にはっても
いいね！

P8のひまわりを
P32のサンダルにつけて、
ひまわりスリッパ！

新聞紙で **サンダル** をつくろう

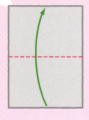

見開きを半分に2回折った大きさ
からスタートし、サンダルを折る。

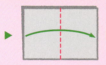

← 折ったもの

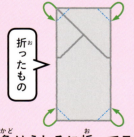

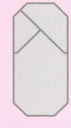

角はうしろに折ってテープでとめ、おりがみ
を上からおおうようにはってね。
はいて使うときは、うら面全体をガムテープ
でおおってね。

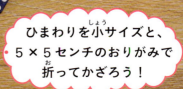

ひまわりを小サイズと、
5×5センチのおりがみで
折ってかざろう！

39

作・構成　いしかわ☆まりこ

千葉県生まれの造形作家。
おもちゃメーカーにて開発・デザインを担当後、映像制作会社で幼児向けビデオの制作や、NHK「つくってあそぼ」の造形スタッフをつとめる。現在はEテレ「ノージーのひらめき工房」の工作の監修(アイデア、制作)を担当中。工作、おりがみ、立体イラスト、人形など、こどもや親子、女性向けの作品を中心に、こども心を大切にした作品をジャンルを問わず発表している。親子向けや指導者向けのワークショップも開催中。
著書に「おりがみでごっこあそび」(主婦の友社)「カンタン！かわいい！おりがみあそび①〜④」(岩崎書店)、「たのしい！てづくりおもちゃ」「おって！きって！かざろうきりがみ」〈2冊とも親子であそべるミニブック〉(ポプラ社)、「みんな大好き！お店やさんごっこ-かんたんアイテム150」(チャイルド本社)、「ラクラク！かわいい！！女の子の自由工作BOOK」(主婦と生活社)、「楽しいハロウィン工作」(汐文社)などなど。

❷ なつ
〜ひまわり・かぶとむし・ヨットほか〜

写真　安田仁志
図版作成　もぐらぽけっと
デザイン　池田香奈子
協力　西村由香

2018年9月　初版第1刷発行
2022年7月　初版第3刷発行

作　いしかわ☆まりこ
発行者　小安宏幸
発行所　株式会社汐文社
〒102-0071
東京都千代田区富士見1-6-1
TEL 03-6862-5200　FAX 03-6862-5202
http://www.choubunsha.com

印　刷　新星社西川印刷株式会社
製　本　東京美術紙工協業組合

ISBN 978-4-8113-2516-3